AF303391

# LA CHAÎNE DE VALEUR DE PORTER

## Identifier la création de valeur

Par Xavier Robben

50MINUTES.fr

# LA CHAÎNE DE VALEUR DE PORTER

## INTRODUCTION

### Historique

Professeur de stratégie d'entreprise à Harvard, Michael E. Porter (né en 1947) pense les fondements modernes de la stratégie concurrentielle, de la compétitivité et du développement économique des nations, des États et des religions.

Dès les années quatre-vingt, il commence à se pencher sur la notion d'avantage compétitif et rassemble ses théories stratégiques, qui sont rapidement adoptées pour améliorer la gestion d'entreprise, dans l'ouvrage *Competitive Advantage : Creating and Sustaining Superior Performance* (1985).

Selon lui, la supériorité d'une société provient de sa maîtrise des forces concurrentielles. Ces dernières, plus communément appelées les

« cinq forces de Porter », font partie des clefs essentielles du management moderne. Plus tard, Porter publiera notamment *Competitive Strategy : Techniques for Analyzing Industries and Competitors* (1998), qui nuance ses recherches en matière de stratégie compétitive.

## Définition du modèle

La chaîne de valeur est une succession d'actions menées dans le but d'installer et de valoriser, en optant pour une approche économique viable, un produit ou un service abouti sur un marché.

Toute entreprise ou association, organisation créatrice de valeur et désireuse d'améliorer sa compétitivité peut parvenir à ses fins en se basant sur la chaîne de valeur. En effet, ce modèle permet aux entités concernées d'analyser successivement l'ensemble de leurs activités dans le but d'améliorer autant que possible chaque étape afin de constituer et d'optimiser un avantage concurrentiel. Cette chaîne de valeur est un précieux outil de *strategic management* dans la mesure où elle œuvre au positionnement d'un produit ou d'un service sur le marché.

Enfin, la chaîne de valeur cible un triple objectif :

- l'amélioration des services ;
- la réduction des coûts ;
- la création de valeur.

## DONNÉES-CLÉS

- **Dénominations ?** *Supply chain*, chaîne de valeur, *supply chain management*, chaîne de Porter
- **Usages ?** Améliorer la compétitivité, réduire les coûts, augmenter la création de valeur
- **Raisons de son efficacité ?** Adaptable à tout type de société, permet de se surpasser et présente des étapes claires et bien définies
- **Mots clés ?** Avantage concurrentiel, création de valeur, outil analytique, subdivision des activités

# THÉORIE – PRÉSENTATION DU CONCEPT

## LA CRÉATION DE VALEUR

Avant d'entreprendre le développement de l'avantage concurrentiel ou avantage compétitif, toute entreprise doit assimiler la notion de création de valeur. Il s'agit d'un système analytique conçu pour décomposer les différentes fonctions d'une société et en examiner le coût. Son objectif est d'affecter le plus efficacement possible les ressources tout au long de la chaîne. Cela permet le positionnement stratégique d'un produit sur le marché en fonction de son coût ou de sa différenciation.

Comment réduire les coûts ? En favorisant :

- un processus de fabrication optimal ;
- l'achat de matières premières à moindre coût ;
- l'innovation ;

- la fonctionnalité du produit pour une plus grande différenciation ;
- une meilleure qualité de fabrication ;
- un meilleur service après-vente ;
- un délai de livraison plus court grâce à une bonne organisation de la logistique.

En plus de permettre à une entreprise de déterminer la marche à suivre afin de réaliser, de manière permanente, des bénéfices, une bonne analyse des différentes fonctions de la société permet d'accroître la productivité et de parvenir à une croissance durable et rentable.

## LES PÔLES

Connues sous la dénomination de « pôles », neuf grandes fonctions génératrices de valeur constituent le modèle de Porter.

### Bon à savoir

La sélection des activités génératrices de valeur provient de trois critères :

- S'appuient-elles ou non sur différents mécanismes économiques ?

- Constituent-elles une fraction considérable des coûts ?
- Influencent-elles directement l'avantage concurrentiel ?

Elles sont divisées en deux catégories :

- on trouve tout d'abord cinq activités de base qui interviennent directement dans la valeur ajoutée du produit final. Cet ensemble regroupe les activités qui se rapportent à la logistique d'acquisition (1), à la fabrication (2), à la logistique de distribution (3), au marketing et à la vente (4), ainsi qu'aux services (5) ;
- on trouve ensuite quatre activités de soutien qui participent indirectement à la création de la valeur ajoutée finale. Il s'agit des activités liées à l'infrastructure de la société (A), aux ressources humaines (B), au développement de la technologie (C) et aux achats (D).

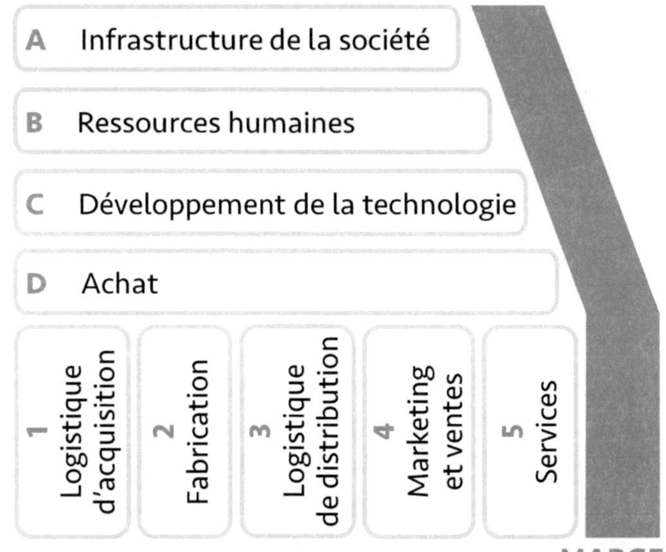


*La chaîne de valeur de Porter*



Le professeur Porter schématise l'entreprise en utilisant une représentation graphique simple, dans laquelle les activités de base sont positionnées verticalement tandis que les activités de soutien sont placées de façon horizontale. La marge représente la différence entre la valeur finale du produit et l'ensemble des coûts qui lui sont attribués (création, lancement, etc.).

L'importance de sa surface résulte de l'avantage concurrentiel de chacune des neuf fonctions de l'entreprise. Bien entendu, chaque société possède son propre graphique qui varie selon de nombreux facteurs – sa nature, son secteur d'activité, son positionnement ou encore son efficacité.



## Les activités de base (ou fonctions primaires)

Les activités de base sont les principales fonctions organisées à l'intérieur d'une société.

Elles contribuent directement à la création du produit, aux actions marketing, à la politique de vente, à la livraison au client final et au service après-vente. Bien que chaque entreprise n'opère pas de façon similaire, la plupart d'entre elles possèdent ces cinq activités primaires :

- **(1) la logistique d'acquisition (ou logistique entrante)** réunit la procédure d'acquisition des ressources, dont les matières premières, leur réception, leur entrée en stock, etc. ;
- **(2) la fabrication (ou opération)** comprend l'utilisation des matières premières, la production du bien, les tests de qualité, le conditionnement, la maintenance, etc. ;
- **(3) la logistique de distribution (ou logistique sortante)** rassemble la sortie des stocks, la préparation des commandes, la livraison aux distributeurs et aux clients finaux, etc. ;
- **(4) le marketing et les ventes (ou commercialisation)** regroupent la promotion, la communication, la politique de prix, la publicité, la gestion des canaux de distribution, etc. ;
- **(5) les services (ou prestations après-ventes)** englobent les réparations, l'entretien, les services après-vente, etc.

Ces activités ne sont toutefois pas indépendantes les unes des autres. La bonne maîtrise d'un pôle peut avoir des répercussions positives sur d'autres éléments de la chaîne. Les différentes fonctions sont donc interconnectées et peuvent entraîner une succession de conséquences lors de modifications apportées aux activités. Ces connexions, qui passent souvent inaperçues, jouent un rôle important dans la gestion des coûts et sur l'avantage concurrentiel.

## Les activités de soutien (ou fonctions transversales)

Les activités de soutien contribuent au bon déroulement des opérations en donnant l'opportunité à la société d'exécuter les activités de base et de gérer la coordination, dans le but d'optimiser l'efficacité. Parmi elles, on trouve :

- **(A) l'infrastructure de l'entreprise**, qui comprend la direction générale, financière et administrative, le département des affaires juridiques et les services en charge de la planification, du contrôle de qualité, etc. ;

- **(B) les ressources humaines**, qui s'occupent du recrutement, des formations, du processus de rémunérations, de la gestion des compétences, de l'organigramme, de la politique de gratification, des licenciements, etc. ;
- **(C) la recherche et le développement,** qui comprend la recherche et la sélection des technologies, la capacité d'innovation, le développement des produits ou des services, la sécurité des produits, la gestion des brevets, etc. ;
- **(D) les achats (ou l'approvisionnement)**, qui englobent les méthodes d'achat des matières premières, la sélection des fournisseurs, les négociations avec les fournisseurs, la location des locaux, etc.

Les activités de soutien peuvent affecter certaines activités de base. Les divisions citées ne sont toutefois pas présentes dans chaque société, même si elles sont fréquentes.

## UN MODÈLE ADAPTABLE

En définissant son concept, Porter insiste vivement sur la nécessité d'une schématisation personnelle. Il conseille de choisir préalablement entre une chaîne de valeur courte ou longue, en fonction de l'importance ou non de certaines activités. Il est de temps en temps nécessaire également de réorganiser sa chaîne de valeur afin de se différencier des concurrents. Enfin, le professeur souligne que la clef de l'avantage compétitif se situe tant dans le réaménagement des activités que dans les interconnexions. En effet, si l'une des activités progresse indépendamment des autres, il peut y avoir un déséquilibre entre les différents pôles qui engendre de nouveaux coûts.

Bien que la terminologie employée pour présenter le concept soit principalement axée sur le vocabulaire relatif à la fabrication de produits – « stockage », « fabrication » ou encore « réparation » – la chaîne de valeur fonctionne tout aussi bien avec des sociétés dites de services.

# LIMITES DU MODÈLE ET EXTENSIONS

## LIMITES ET CRITIQUES DU MODÈLE

Vieux de quelques décennies, le modèle de Porter reste très actuel : il fournit encore aujourd'hui les outils nécessaires aux entreprises en quête d'un accroissement de la valeur ajoutée de leurs activités ainsi que d'une réduction de leurs coûts de production. Toutefois, malgré son efficacité, la chaîne de valeur est de plus en plus sujette aux critiques, car elle rencontre certaines limites.

Premièrement, la mise en place de cette méthode est relativement longue et sinueuse :

- la masse de données nécessaires pour utiliser la chaîne de valeur est colossale et parfois difficile à obtenir ;
- la marge d'interprétation est trop importante, ce qui risque d'endommager l'analyse et de fausser le résultat final ;
- le manque de précision peut nuire à l'analyse.

Deuxièmement, la volonté de détenir l'avantage concurrentiel dans un marché pousse les entreprises à opter pour une politique de domination des coûts, ce qui constitue, en soi, une des principales limites au modèle. En effet, si toutes les sociétés utilisent cette stratégie de domination par les coûts, le prix proposé sera de plus en plus bas, or les sociétés ne peuvent indéfiniment réduire leurs coûts.

Troisièmement, il est difficile de déterminer la notion de création de valeur liée à cette chaîne, car la valeur elle-même est perçue différemment selon les économistes :

- l'école néoclassique (début du XIX$^e$ siècle) se base sur l'utilité subjective ou la valeur relative liée à l'échange et non aux coûts de production. Autrement dit, la valeur d'un bien dépend de la valeur d'un autre bien au sein d'un même marché ;
- à celle-ci s'oppose l'école classique (entre 1760 et 1848, en France et en Angleterre), qui perçoit la valeur comme étant absolue et la détermine par rapport aux caractéristiques de l'objet.

Ostensiblement plus proche de la pensée néoclassique, le modèle de Porter se base sur l'interprétation de la volonté du client. Plus largement, les détracteurs de Michael E. Porter lui reprochent un manque global de clarté et de précision dans ses définitions. Ils condamnent également l'absence de données empiriques, nécessaires, selon eux, pour justifier ses théories.

Ces limites et critiques adressées au modèle de Porter ne sont pas exhaustives et, d'ailleurs, beaucoup s'accordent à dire que les fondements de la chaîne ont été complétés par les travaux d'autres économistes moins célèbres. Enfin, même si elle est à utiliser avec précaution, la chaîne de valeur de Porter reste bel et bien un outil d'une importance capitale dans la gestion d'une société.

## MODÈLES CONNEXES

### Les cinq forces de Porter

Michael Porter a toujours été tenté de comprendre les enjeux liés à la concurrence. C'est ainsi que quelques années avant la publication de ses recherches sur la chaîne de valeur, il se rend compte que la structure concurrentielle d'une société est définie de manière trop restreinte. Aussi met-il en place, en 1979, un modèle appelé « les cinq forces de Porter ». Ce concept permet de maintenir l'avantage compétitif et d'assurer une certaine rentabilité à long terme. Ces forces sont :

- **l'intensité de la concurrence entre entreprises du secteur.** Les sociétés au sein d'un même secteur luttent pour garder leur position ;
- **le pouvoir de négociation des fournisseurs.** Plus un fournisseur est puissant, plus il pourra imposer ses conditions (prix, qualité, quantité) et inversement pour les fournisseurs qui ont une faible influence ;
- **le pouvoir de négociation des clients.** Ceux-ci imposent leurs exigences en matière de prix, de service et de qualité. Ils influencent donc la rentabilité d'un marché ;
- **la menace des nouveaux entrants sur le marché.** Elle dépend de l'ampleur du marché (économie d'échelle), du souhait de diversification des entreprises, du coût d'entrée, de l'accès aux matières premières, des standards

techniques, etc. Les nouveaux concurrents bouleversent inévitablement la hiérarchie des acteurs au sein d'un marché ;

- **la menace des produits de substitution.** Ils représentent une alternative à l'offre du marché et sont généralement d'un meilleur rapport qualité-prix.

Notons que chacune des composantes de ce modèle est indirectement influencée par la loi et les normes mises en place par les pouvoirs publics.

# MISE EN PRATIQUE DU CONCEPT

## CONSEILS ET *BEST PRACTICES*

Contrairement à la comptabilité générale, la chaîne de valeur n'est juridiquement pas obliga-toire, mais elle reste un outil important dans la gestion d'une entreprise. S'il existe différentes méthodes à suivre qui ne dérogent pas à la loi, il est vivement conseillé d'utiliser la manière tradi-tionnelle, détaillée ci-dessous, en six étapes.

### Paramétrer l'analyse

La première phase consiste à déterminer le champ à examiner. Il s'agit de bien assimiler le processus de fabrication selon la chaîne de va-leur et de saisir l'ensemble des connexions entre les différentes activités. Ensuite, il faut définir le point initial, à partir des matières premières des fournisseurs, et le point final, le stock de produits finis ou le client, du processus global de la société.

## Schématiser la chaîne de valeur actuelle

Il faut dans un deuxième temps dessiner la chaîne de valeur représentative de la société, en partant du point A au point Z, sans oublier d'y inclure les différentes étapes. Généralement, ces dernières sont schématisées par des carrés, les stocks par des triangles et les transferts par des flèches.

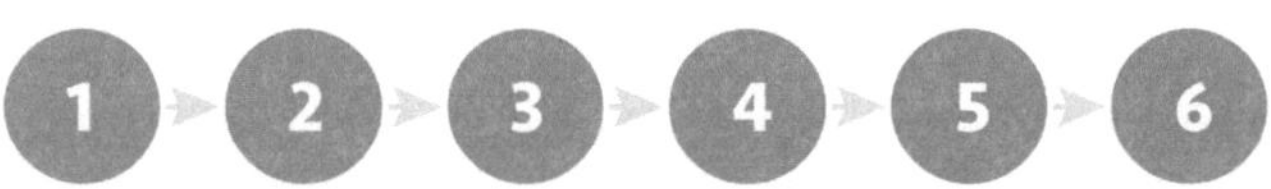

*Schéma d'une chaîne de valeur*



Cette chaîne de valeur, fort simplifiée, peut re-présenter une centrale d'achat (1) qui envoie les biens en stock dès achat (2). Les marchandises sont alors envoyées à l'atelier (3) et subissent ensuite un contrôle de qualité (4), avant de re-joindre le stock des produits finis (5). Une fois les produits commandés, ils se dirigent vers la zone de distribution (6).

## Collecter les données authentiques

Cette étape a pour but de réunir les informations

pertinentes portant sur l'ensemble des activités et des connexions, mais également d'en vérifier l'authenticité. Les données à recueillir diffèrent d'une société à l'autre selon la structure et le secteur d'activité. Par exemple, une société de services ne se préoccupe pas autant de la fabrication en atelier qu'une société industrielle. Les industries doivent davantage se renseigner sur la durée du cycle d'une activité, le nombre d'ouvriers nécessaires à chaque phase, la durée et la distance de transfert entre chaque étape, le coût des activités, l'efficacité des machines employées, la rotation des stocks, la valeur des encours, le taux de produits défectueux, etc.

## Soumettre le schéma et les données

Il est intéressant ensuite de discuter de la chaîne de valeur synthétisée avec les personnes concernées. Il convient, par exemple, de demander aux ouvriers leur point de vue sur le schéma de fabrication. En effet, les membres de l'équipe ont peut-être une vision différente du processus de la société, et les consulter peut permettre de corriger certains aspects mal interprétés. Il est conseillé lors de cette phase d'ajouter au schéma la durée d'exécution ainsi que la durée de valorisation. La première estime le temps nécessaire pour effectuer le parcours du processus tandis que la seconde mesure le temps d'incorporation de la valeur. La comparaison entre ces deux données peut aider à déceler les éléments à améliorer.

## Restructurer la chaîne de valeur

Pour la cinquième étape, il faut se confronter à la liste de questions établies en 1999 par Mike Rother et John Shook : y répondre permet à l'entreprise d'examiner et d'éventuellement remanier la chaîne de valeur. Les huit thèmes abordés par ces deux économistes visent à favoriser l'avantage concurrentiel. Le but de cette phase consiste essentiellement à modifier ou à supprimer les activités qui créent peu, voire aucune valeur. Plus la durée d'exécution est proche de la durée de valorisation, plus la société a réussi à diminuer ses transferts superflus. Une fois l'*optimum* (ou l'équilibre) établi, il est temps de représenter l'entreprise à travers une chaîne de valeur restructurée.

Les huit questions de Mike Rother et John Shook sont :

- Quelle est la durée du cycle de la chaîne de valeur ?
- La production va-t-elle séjourner dans un magasin ou sera-t-elle acheminée directement au quai d'expédition ?
- À quels endroits de la chaîne de valeur peut-on instaurer un flux continu ?
- Où faudra-t-il avoir recours à des systèmes à flux tiré (approche *pull*) avec magasin ?
- Quel endroit précis de la chaîne de production sera choisi comme « processus régulateur » pour programmer la production ?
- Comment sera réalisé le lissage de la production ?
- Quelle tranche de travail sera utilisée comme unité de temps du processus régulateur ?
- Quelles améliorations connexes des processus seront nécessaires ?

## BON À SAVOIR : *PULL* ET *PUSH*

Les flux tirés *pull* et poussés *push* sont des flux de marchandises, de biens ou autres composants découlant de prévisions. Les premiers sont poussés par les prévisions tandis que les seconds sont générés par les commandes de clients.

Suite aux réponses obtenues, il est important :

- de diagnostiquer l'avantage concurrentiel en se basant sur une chaîne de valeur compétitive présente sur le marché ;
- d'assimiler les différents atouts de la société ;
- d'évaluer les activités créatrices de valeur ;
- de considérer que l'avantage concurrentiel provient non seulement de la performance de chaque activité, mais également de l'inter-connexion des activités entre elles.

## Planifier les actions d'amélioration

Lorsque l'entreprise a déterminé les activités potentiellement perfectibles, elle doit rechercher les moyens qui lui permettront d'améliorer ses performances. Il est conseillé de se baser sur le schéma remanié et de lister l'ensemble des tâches des neuf activités (celles de base et celles de soutien). Des fournisseurs jusqu'aux premières modifications, il lui faudra réinitialiser le suivi de l'analyse à chaque étape depuis le point de départ. En effet, une activité remaniée peut avoir des répercussions sur les autres en raison de leurs interconnexions. Ces modifications sont capables de dégrader la chaîne de valeur de l'entreprise.

La réussite de cette analyse en boucle dont le point de départ est constamment le même s'appuie sur quatre règles :

- le parcours dessiné est continu et respecte le cycle de production ;
- la chaîne permet un contrôle de la production simple et efficace ;
- la société bénéficie des améliorations au niveau de la gestion des charges et des commandes ;
- la vitesse d'exécution croît tandis que le volume des quantités stockées est réduit.

## Conseils

Si la chaîne de valeur de Porter est un outil répandu dans le domaine du management, elle peut cependant ne pas convenir lorsqu'elle est sujette aux confusions. Les erreurs les plus fréquentes sont :

- la délimitation peu précise du champ de la chaîne de valeur ;
- l'élaboration d'une chaîne de valeur à partir du schéma type qui fausse le graphique au niveau des interconnexions des activités ;
- l'oubli d'une étape dans la chaîne de valeur. Aussi est-il vivement conseillé de parcourir physiquement le trajet, dans la société, des stocks de matières premières jusqu'à l'expédition des produits finis, pour s'assurer que chaque étape est intégralement soumise à l'analyse.

# ÉTUDES DE CAS – SOCIÉTÉ INDUSTRIELLE

*Chaîne de valeur de la société étudiée*

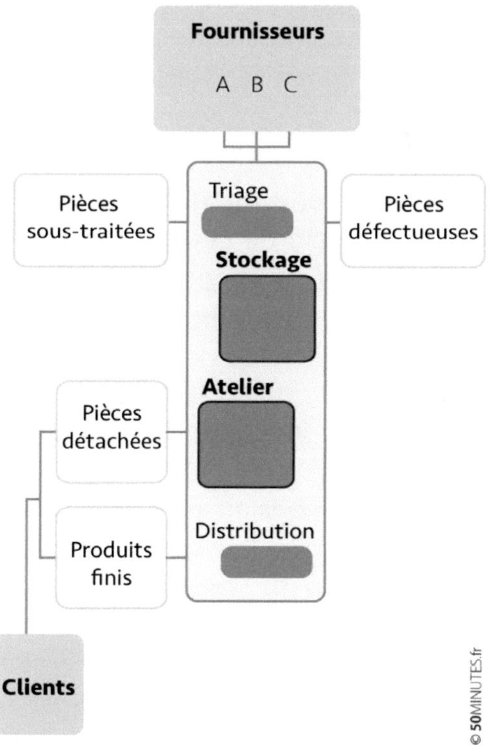

## Contexte

Bien que le modèle de Porter ne soit pas réservé aux sociétés industrielles, nous avons choisi de prendre pour exemple une entreprise sidérurgique qui détient une chaîne de valeur de type long. Cette dernière a fermement lutté pour acquérir la place de leader mondial qu'elle occupe. Outre les fusions et autres acquisitions, c'est sa capacité à s'adapter au marché qui lui a permis de s'imposer au sein de cette niche de marché. La société a utilisé divers procédés pour affiner sa gestion d'entreprise, notamment celui de la chaîne de valeur.

Son activité principale est l'assemblage de divers(es) machines/outils capables de graver de fins filets sur des tubes en acier. Une fois assemblés les uns aux autres, ils permettent aux clients d'extraire du gaz ou du pétrole.

L'entreprise achète à ses divers fournisseurs des matières premières (l'acier et la fonte) ou des pièces sous-traitées. Les achats sont stockés avant d'être réorientés vers le centre de triage pour y passer un test de conformité. Une fois vérifiés, ils sont entreposés dans un espace appelé

« stock propre ». Les pièces sont ensuite dirigées vers l'atelier. Pour cette société, la gestion des stocks est une tâche compliquée puisque seulement 80 % des pièces sont identiques d'une machine à l'autre. Les clients possèdent leurs propres tubes sur lesquels l'appareil doit pouvoir s'adapter. La fabrication du produit est très complexe et dure entre quatre et six mois. Une fois terminées, les machines sont stockées avant de subir une batterie de tests pour s'assurer de leur bon fonctionnement. Elles sont alors emballées, afin d'éviter un maximum de dommages, et transportées jusqu'à leur destination finale. Bien plus, la société s'occupe également de la remise en état des appareils mal calibrés, défectueux ou obsolètes.

Ce processus de fabrication élaboré il y plus de vingt-cinq ans est aujourd'hui toujours utilisé, bien qu'il ne soit plus tout à fait identique. En effet, la société a réorganisé sa structure afin d'améliorer ses résultats, malgré la complexité et le coût élevé de pareille démarche. Il s'agissait d'une décision nécessaire pour que l'entreprise garde sa place de leader mondial dans ce secteur.

## Réorganisation de la chaîne de valeur au sein de l'entreprise

Pour réaliser l'examen complet de sa situation organisationnelle, l'entreprise a fait appel à une équipe externe, composée d'experts qualifiés en management :

- associés aux responsables, ils ont commencé par paramétrer l'ensemble de l'activité à analyser en désignant un point initial – la réception des matières premières – et un point final – la livraison aux clients. Il fallait toutefois connecter la cinquième activité de base avec la troisième, étant donné qu'après la réparation des machines dans la cinquième fonction, celles-ci sont redirigées vers le client ;
- il a ensuite fallu dessiner la chaîne de valeur en prenant soin d'indiquer les étapes (carrés), les stocks (triangles) et les transports (lignes fléchées) ;
- l'équipe externe a alors établi un questionnaire d'une vingtaine de pages relatif aux critères de la société afin de rassembler des données précises en fonction des domaines d'activités de l'entreprise. Les responsables accompagnés de leurs ingénieurs ont d'abord répondu aux

questions propres à leur secteur. Puis, pour vérifier et ajuster les données, les experts les ont mises ces informations à disposition de chaque ouvrier. Leurs commentaires ont précisé les éléments précédemment fournis. L'équipe externe a enfin évalué les durées d'exécution et de valorisation afin de dégager les éventuels freins : après comparaison, le constat pointait une durée d'exécution trop élevée.

Les réponses aux questions de Mike Rother et John Shook ont permis aux experts de cibler les différentes lacunes que comportait la chaîne de valeur de cette entreprise sidérurgique. Ainsi, la société a diagnostiqué que :

- son avantage concurrentiel sur sa chaîne de valeur provenait d'une gestion efficace des stocks de matière première ;
- ses atouts étaient essentiellement basés sur les coûts de production liés à l'excellente main-d'œuvre et à la productivité des machines ;
- il existait deux points potentiellement perfectibles, l'un au niveau de la fabrication, l'autre au niveau de l'organisation. Le premier rapportait un nombre important de machines mal adaptées aux demandes du client tandis que

le deuxième constatait de trop longs déplacements entre les étapes et les zones de stocks ;

beaucoup de pièces se cassaient lors de la fabrication. Cela ne provenait pas d'un dysfonctionnement de la production, mais bien de l'activité des achats effectués en amont de la chaîne, et plus précisément des éléments sous-traités.

Après l'amélioration schématique de la chaîne de valeur de Porter apportée par les experts, la société a noté trois changements majeurs :

- une réduction du temps de fabrication des machines ;
- une réduction des coûts de fabrication ;
- une amélioration de l'offre des produits finis, qui correspondent davantage aux attentes des clients.

En parcourant théoriquement et physiquement les différents itinéraires de production, la société a alors pu améliorer certaines activités afin d'optimiser les résultats et de conserver sa place de leader sur le marché.

# Raison du leadership mondial

- **La coordination avec la clientèle.** Un des problèmes majeurs que rencontrait la société était le manque de précision dans l'exécution des commandes des clients. En effet, les machines devaient graver des filets sur les tubes disponibles à l'atelier, même si le diamètre de ceux-ci ne correspondait pas toujours aux souhaits des clients. Ces derniers devaient alors revenir dans la société afin de les ajuster. Ce problème organisationnel flagrant fut résolu grâce à l'aménagement d'un entrepôt réservé aux tubes des clients. Les machines peuvent désormais opérer avec précision et la société ne craint plus les contestations.
- **L'aménagement de la société.** Alors qu'à ses débuts la société était une PME de quelques employés, au fil des années, elle a vu son nombre de commandes augmenter de manière exponentielle. L'entreprise s'est agrandie petit à petit en augmentant les zones de stock et le nombre d'espaces dédiés aux ateliers et aux bureaux. Ainsi, lorsque le premier local est devenu trop petit pour mener à bien les opérations, la société en a construit un second,

puis un troisième, où étaient soigneusement stockés les matières premières et les produits finis. Les experts ont remarqué que le trajet de machines de plusieurs tonnes était trop long entre le premier local, où avait lieu la fabrication, et le troisième, et que les stocks initiaux devaient traverser tout l'atelier pour rejoindre l'emplacement où s'opérait la chaîne de montage. La société a alors décidé d'inverser les fonctions des deux premiers entrepôts. En les aménageant dans le sens du flux de production, elle a favorisé la réduction des distances à parcourir entre l'atelier, les zones de stocks et les centres de triage ou de contrôle.

- **L'amélioration des pièces sous-traitées.** Les statistiques rapportaient un nombre de pièces brisées trop important. Les analyses ont démontré que celles-ci provenaient en grande majorité de sous-traitants d'Europe de l'Est. Le problème résidait dans la qualité de leurs matières premières. Pour que l'entreprise reste compétitive, il n'était pas possible qu'elle se lance dans la fabrication de ces pièces mécaniques ni qu'elle change de fournisseurs, tous relativement plus chers. Pour garantir la qualité, l'entreprise achète désormais les matières premières de sous-traitants en France qu'elle envoie en République tchèque et en Pologne pour y fabriquer ses pièces. Bien que la société a vu le coût de revient de ses achats s'élever, elle bénéficie d'une réduction sur le nombre de commandes.

Sans ces changements considérables, la société n'aurait pu rester le leader mondial de ce marché. Le remaniement de la chaîne de valeur a impliqué des décisions complexes qui, bien que coûteuses, se sont avérées profitables à toute l'entreprise.

- Le concept de chaîne de valeur établi par le professeur Michael E. Porter apparaît en 1985 dans son ouvrage intitulé *Competitive Advantage : Creating and Sustaining Superior Performance.*
- La chaîne de valeur est un modèle de gestion d'entreprise qui schématise la création de valeur au sein d'une société.
- Cet outil analytique permet aux sociétés d'analyser successivement l'ensemble de leurs activités pour repérer et améliorer les maillons perfectibles afin d'optimiser l'avantage concurrentiel.
- La chaîne de valeur subdivise l'entreprise en neuf activités répertoriées selon deux catégories : cinq activités de base et quatre activités de soutien.
- L'analyse par chaîne de valeur se déroule en six étapes : délimitation du champ à examiner, schématisation de la chaîne de valeur, collecte et authentification des informations, soumission des données, remaniement de la chaîne et

planification des actions.

- Cet outil présente de nombreux avantages : il est adaptable à tous les types de sociétés ; il permet d'améliorer leur compétitivité ; il présente des étapes claires et bien définies pour effectuer efficacement l'analyse de la chaîne, etc.
- L'examen est toutefois un travail de longue haleine. Il faut en effet disposer d'un important panel de données. Par ailleurs, l'interprétation personnelle joue un rôle important, ce qui risque de rendre l'exercice moins précis.
- La chaîne de valeur rejoint d'autres modèles tout aussi importants dans la gestion d'entreprise, notamment le célèbre modèle appelé « les cinq forces de Porter ».
- La chaîne de valeur est un outil puissant à utiliser avec précaution. Pour qu'il soit efficace, il est primordial de comprendre que chaque analyse diffère d'une société à l'autre.
- L'amélioration de la chaîne implique des décisions complexes qui, menées à bien, permettent aux sociétés d'atteindre leurs objectifs.

*Votre avis nous intéresse !*
*Laissez un commentaire sur le site de votre*
*librairie en ligne et partagez vos coups de cœur sur*
*les réseaux sociaux !*

# POUR ALLER PLUS LOIN

## SOURCES BIBLIOGRAPHIQUES


- Hartwich (Frank), Devlin (Jean) et Kormawa (Patrick), *Diagnostic de la chaîne de valeur industrielle : un outil intégré*, sous la direction de l'Organisation des Nations Unies pour le Développement Industriel, Vienne, 2011.

- Lachat (Daniel), *La Chaîne de valeur, modèles entrepreneuriaux et étalonnage*, in Halshs Archives ouvertes, 2007, consulté le 23 mai 2014. http://halshs.archives-ouvertes.fr/docs/00/12/44/39/PDF/Chaines_de_valeur_mode-les_entrepreneuriaux_et_etalon_.pdf

- Magreta (Joan), *La Méthode Michael Porter*, Montréal, Éditions Transcontinental, 2012.

- Porter (Michael E.), *Competitive Advantage : Creating and Sustaining Superior Performance*, New York, Simon & Schuster, 1998.

- Porter (Michael E.), « The Five Competitive Forces That Shape Strategy », in *Harvard Business Review*, 2010.

- Rother (Mike) et Shook (John), *Learning to see : Value Stream Mapping to Add Value and Eliminate MUDA*, Cambridge, The Lean Enterprise Institute of Brookline Massachusetts, 1999.

- Zeroual (Thomas), « Supply Chain Management : portée et limites. L'Apport des théories des réseaux », in *ESCE* de Paris, 2011.

## SOURCES COMPLÉMENTAIRES

- Desreumaux (Alain), Lecocq (Xavier) et Warnier (Vanessa), *Stratégie*, Montreuil, Éditions Pearson Education, 2009.

- Magreta (Joan), Comprendre *Michael Porter : concurrence et stratégie*, Paris, Éditions Eyrolles, 2011.

ISBN ebook : 978-2-8062-5706-2
ISBN papier : 978-2-8062-5707-9
Dépôt légal : D/2014/12603/115
Photo de couverture : © Primento

Conception numérique : Primento,
le partenaire numérique des éditeurs